BIBLIOTHÈQUE SOCIALISTE INTERNATIONALE

LA
REVANCHE
DU PROLÉTARIAT

PAR

Achille LE ROY

SUIVIE DE

La Marianne populaire — Louise Michel et le Drapeau noir
La Carmagnole sociale
Le Drapeau rouge — Le Chant des Transportés
La Commune immortelle — Le Rossignol et la Bergère
Non! Dieu n'est-pas!
A Gutenberg! — A la Police infâme!

QUATRIÈME ÉDITION

Prix : 30 centimes — Franco : 40 centimes

PARIS

LIBRAIRIE SOCIALISTE INTERNATIONALE
Achille LE ROY
145 bis, rue Saint-Jacques (Anciennement, 6, rue Soufflot)

1885

PRÉAMBULE

Quels doivent être le but et la forme d'une brochure révolutionnaire?

Tous les charmes de l'art d'écrire, toutes les ressources d'une imagination féconde, tous les ornements ingénieux du langage, doivent l'embellir.

Abuser de l'éclat du talent pour combattre les idées généreuses est un sacrilège.

Certains tombent dans une autre faute : ils n'écrivent que pour amuser le public.

Récréer ses lecteurs sans les instruire, c'est le rôle d'un figariste, non d'un novateur : différemment doit se comprendre la mission de l'homme de lettres.

Le précepte d'Horace sera éternellement vrai :

« Le parfait littérateur est celui qui est aussi utile qu'agréable. »

Puisque les plumitifs satisfaits, depuis le cafard veuillotin jusqu'à l'écrevisse radicale, font plume commune pour médire du Parti de la souffrance, quiconque, appartenant au prolétariat, possède quelque faculté littéraire, et ne l'emploie pas à la cause du juste, est coupable.

Depuis que Babeuf et Darthé sont morts, sous la première République, pour la cause égalitaire; depuis que, sous la troisième, Millière et Ferré sont morts pour la justice sociale, n'est-il pas douloureux d'assister à cette guerre que les idées de retour en arrière font encore aux idées de marche en avant?

Tout citoyen que les circonstances ou quelques dons naturels ont initié aux lettres a le devoir de s'en faire une arme au service de la Révolution.

A plus forte raison s'il appartient à la classe des travailleurs, et si, jeté dès son jeune âge dans un bagne industriel, il a souffert les ignominies patronales.

Astreint à une tâche pire que celle de l'esclave romain, il ne quitte l'usine, pour reposer ses membres endoloris, que pour gîter dans un affreux nid de Vautour !

Il ne peut apprendre à lire qu'en prenant sur son sommeil, à écrire qu'en extirpant de son intellect ce que l'atmosphère de la manufacture ou de la mine (1) n'a pas atrophié.

Mais une fois en route, s'il a eu le bonheur d'être aidé par quelques écrits socialistes, comme il se rend vite compte des causes de sa misère : la propriété individuelle, engendrant la concurrence, et la concurrence engendrant l'égoïsme !

N'est-ce pas cette concurrence meurtrière qui enfante les crimes, qui fait l'ami ennemi de l'ami, le frère ennemi du frère, le fils même ennemi du père?

N'est-ce pas elle encore qui fait du maître l'assassin de l'ouvrier, de celui-ci un mercenaire et une victime; qui est cause que le nombre des prolétaires augmente, que les salaires diminuent; qui métamorphose l'honnête homme en voleur, qui fait de l'homme de bonne foi une dupe?

N'est-ce pas la concurrence, enfin, étayée sur la propriété individuelle, qui transforme le commerce en une véritable arène, en une immense caverne de brigands, et la Terre en un vaste champ de bataille, couvert de gladiateurs, de guerriers; de vainqueurs, de vaincus; de fripons, de gogos; d'heureux, de malheureux; d'opulents nageant dans le superflu et de misérables mourant de faim?

Comme cet ouvrier comprend alors qu'il n'est que le mouton se couvrant de laine pour le profit de son possesseur !

Et quelle flamme il déploie pour en faire passer la démonstration dans le cœur de ses collègues de souffrance!

Moins ciselée que l'œuvre d'un bourgeois à gants jaunes, l'humble écrit de ce travailleur aux mains noires aide davantage au triomphe de la Justice.

---

(1) Les républiques de l'antiquité ne contraignaient au travail des mines que les criminels.

La guerre de conquête est le plus grand obstacle à la diffusion des principes humanitaires.

Partout où cette guerre exécrable étend ses ravages, fût-ce même sur la terre la plus belle, la plus riante, il n'y a désormais sur cette terre que de terribles alternatives de fièvre, de carnage et de mort : des lutteurs s'étreignant, des frères qui s'égorgent !

C'est pour éloigner les regards des hontes du bourgeoisisme à l'intérieur que le régime actuel, digne continuateur du banditisme césarien, invente des guerres au-delà des océans et gaspille à pleines griffes l'or et le sang de la France ouvrière et paysanne.

Tout homme a droit à son indépendance, aussi bien les pâles Occidentaux en redingote que les jaunes Asiatiques couverts de soie, ou que ces indigènes, couleur de suie, habillés d'un rayon de soleil et d'une plume dans les cheveux.

Lorsque nous murmurons réformes sociales, l'on ne sait nous répondre que Madagascar ou Tonkin.

De même l'Empire, devant les revendications des classes laborieuses, ne savait que glapir Mexique ou Allemagne !

Quand la ville d'Antioche fut prise par les Perses, sous Valérien, toute la population se trouvait rassemblée au théâtre.

Les gradins de ce théâtre étaient taillés dans le pied de la montagne escarpée que couronnaient les remparts.

Tous les yeux, toutes les oreilles étaient tendus vers l'acteur, quand tout à coup celui-ci se met à balbutier ; ses mains se crispent, ses bras se paralysent, ses yeux deviennent fixes.

De la scène où il était, il voit les Perses, déjà maîtres du rempart, descendre la montagne au pas de course.

En même temps, les flèches commencent à pleuvoir dans l'enceinte du théâtre et rappellent les spectateurs à la réalité.

La situation de notre République hybride est un peu celle de l'acteur d'Antioche.

Elle en est au lendemain de Lang-Son au même point que l'Empire au lendemain de Queretaro.

La France prolétarienne a autre chose à faire que d'asservir quelques millions de Madécasses ou de Célestes : affranchir trente-six millions de Français.

Aujourd'hui, silence aux réacteurs, aux traîtres, à ceux qui font de l'or avec du sang — les Ferry, les Brisson et autres gambettistes : — la parole est à la guillotine !

———

L'histoire impartiale démontre que c'est la force, la domination qui a créé la société passée et présente.

C'est le militarisme qui a parqué l'humanité comme on parque le bétail, qui a instauré les classes et les privilèges, qui a mis les femmes, cette moitié du genre humain, hors la loi civile et politique.

Dans la société de l'avenir, celle dont les communistes jettent les bases, il n'y aura plus de maîtres ni d'esclaves, de seigneurs ni de serfs, d'honnêtes gens ni de canaille, mais des égaux devant la production.

Le travail de la femme — si toutefois il lui plaît de s'y livrer — ne sera plus avili : elle ne se prostituera plus pour donner le morceau de pain que lui demande en larmes son enfant affamé.

Le communisme, avec tendance vers l'anarchie, est le dernier mot de la science sociale : les écoles à moyens pacifiques ne sont que des systèmes trompeurs, dont l'impuissance a pour résultat le maintien de la richesse par l'exploitation de la misère.

Tant qu'un homme prélève un centime sur le labeur d'un autre homme, l'Égalité, la Justice ne sont pas de ce monde.

C'est ce que l'auteur de ce livre a pour mission de démontrer.

———

Où les grands sentiments mûrissent-ils ?

D'où jaillissent les viriles pensées ?

Est-ce autour des Bourses infâmes où hurlent les intérêts et se retournent les poches ?

Est-ce dans les Parlements, où la clameur des

avocats, si prompts à envoyer des régiments à la tuerie, ne sonne rien que le rappel des élections à venir ?

Est-ce du cervelet de ces bavards, dont le cœur est si bien descendu où l'on s'assied qu'ils ne visent qu'à se souder à leur siège ?

Non. Mais c'est dans le peuple — le peuple qui garde la tradition des vaillants sectionnaires de 93 — celui qui, las de plier sous sa lourde chaîne, la brise quand la barricade s'éclaire à la lueur des fusils.

Alors, comme l'oiseau libre après l'orage, il chante.

Comme l'oiseau après la tourmente, ses poètes aussi planent avec un nouvel essor.

Un de ceux que la bourrasque de 1871 avait chassé vers de lointains rivages — non sans avoir au préalable démoli moult de chacals versaillais — Eugène Chatelain, lança de l'exil cette note fière :

> Non, le soleil illuminant le monde,
> Les astres d'or planant dans le ciel bleu,
> Les océans où la tempête gronde
> N'affirment point l'existence de Dieu !
>
> S'il est un Dieu, pourquoi donc la folie
> Existe-t-elle en des cerveaux nombreux ?
> Pourquoi faut-il qu'un pauvre s'humilie,
> En se courbant, devant un homme heureux ?
>
> Pourquoi voit-on des castes et des classes ?
> Des fainéants raillant les travailleurs ?
> Et des bourgeois volant les populaces ?
> S'il est un Dieu, pourquoi des fusilleurs (1) ?

L'on ne doit rien dédaigner de ce qui affirme la Vérité, la poésie aussi bien que les travaux scientifiques, les romans aussi bien que les travaux d'histoire.

Tel lecteur qu'un livre de science épouvante se laissera gagner par une agréable fiction.

La douce voix des poètes pourra toucher le cœur de ceux qui ne veulent pas écouter la voix grave des historiens.

(1) Eugène Chatelain. — *Non ! Dieu n'est pas !* Ce chant se trouve, avec nombre d'autres pièces intéressantes, dans les *Exilées de 1871.*

L'auteur de cette œuvre en est la preuve vivante : il trouva jadis son chemin de Damas en entendant dire avec âme le *Chant des Ouvriers*.

Nos pères, en 1792, en 1830 et en 1848, avaient compris toute la force de propagande que l'on peut tirer de la poésie révolutionnaire.

Est-ce que la *Marseillaise* n'a pas battu les rois coalisés, les chansons de Béranger jeté bas la Restauration, les chants de Pierre Dupont et les fables de Lachambeaudie fixé dans les masses, et d'une manière indestructible, l'idée communiste?

Quel prolétaire peut répéter sans tressaillir ces vers qui lui font comprendre toute l'horreur de son sort?

> Peuple, c'est le travail qu'il faut organiser.
> Tant que tu traîneras de rivage en rivage
> Le boulet du mépris et de la pauvreté,
>   Ne parle pas de liberté :
>   La pauvreté, c'est l'esclavage !

Et ceux plus modernes de notre coreligionnaire Souëtre, blessé, sous la Commune, d'un coup de feu à la gorge au fort d'Issy :

> Mais•si la faim à face blême,
> Devant les repus se dressant,
> Leur pose en armes son problème
> Sur nos pavés rougis de sang,
> Je sais bien que pour le résoudre,
> L'éloquence ne suffit pas :
> C'est en faisant parler la poudre
> Qu'on fait taire les avocats !

Ces quelques vers de la *Marianne*, laquelle est en train de faire son petit tour d'Europe, n'en disent-ils pas autant sur la question sociale, et la nécessité d'employer les moyens énergiques pour la résoudre, que maint long article ou brillante harangue?

Toutes les armes sont donc bonnes pour combattre les ennemis du prolétariat, depuis le chant de révolte jusqu'à la cartouche.

Et si la poudre ne suffit pas, la dynamite !

A. Le R.

LA REVANCHE

DU PROLÉTARIAT

Avant d'être Français, je suis socialiste
et citoyen du monde.
(Réponse à M. DE BEAUREPAIRE, dans le
procès du *Chant des Prolétaires.)*

Toutes les armes sont bonnes contre les
tyrans.
(La Commune immortelle.)

I

La République actuelle, issue de la honte impé-
riale et de l'abjection bourgeoise, au bruit du
canon de Sedan et des fusillades versaillaises, est
une courtisane hypocrite, n'accordant ses faveurs
qu'aux puissants.

Si elle a le plus souverain mépris pour les prolétaires, en revanche ses plus gracieux sourires
sont pour des Alphonse, pour des Bismarck.

Prudhomme et Tartufe, Ratapoil et Vautour
sont ses amants de cœur.

Les escapades de la belle leur importent peu, car
ils reçoivent part égale de ses caresses.

A l'instar de Bonaparte, de Bourbon ou d'Or-
léans, la République bourgeoise a toujours com-
battu les aspirations des déshérités.

Lorsque, las de souffrir, ils en appellent aux
armes, elle déploie contre eux plus de cruauté
même que ces malfaiteurs couronnés.

Deux fois en ce siècle, elle les massacre sans
merci aux jours néfastes de Juin et pendant la
Semaine sanglante.

Les peuples n'ont pas, dans leurs annales, de
répression semblable à cette dernière (1).

Ceci, en vertu de cet axiome, que les parvenus
sont les plus insolents et les plus aristocrates des
hommes.

---

(1) « Trente-cinq mille cadavres de prolétaires, de soldats de la souffrance, combattant pour la République sociale, pour leur place au banquet de
la vie, devaient joncher les rues de la capitale du monde civilisé.

» Depuis les proscriptions de Sylla, qui ensanglantèrent l'ancienne Rome,
jamais tuerie pareille de gens désarmés ne s'était accomplie. » (A. LE ROY et
O. SOUÈTRE. — *Fusillé deux fois* et la *Commune ressuscitée*, p. 2.)

« Les temps héroïques, disent-ils, sont passés. »

Comme si, par l'arrivée au pouvoir des bancocrates et des saltimbanques politiques, l'œuvre de la Révolution était terminée; comme si tant de larmes et de sang versés, tant de tortures subies, tant de victimes sacrifiées, tant de dévouements mis au service de l'idée nouvelle ne l'avaient été que pour donner aux fils des bourgeois de 89 la puissance et les privilèges qu'avaient jadis les nobles!

Voici quinze ans que, pour la troisième fois, cette République nominale existe : qu'a-t-elle fait pour le peuple?

Quel spectacle nous montre-t-elle, du haut en bas de l'échelle sociale?

En haut, une poignée d'oiseaux de proie, de parasites, dispensés de toute œuvre utile, de toute obligation réelle.

En bas, la foule des prolétaires, des salariés, qui lutte et succombe sous l'étreinte des vampires du Capital.

Paysan courbé et ridé, dis-nous si le député cher à ton cœur t'a enlevé la moindre charge de tes abrutissants labeurs; dis-nous si tes républicains gouvernementaux ne t'ont pas volé comme leurs congénères monarchistes.

Ouvriers des chiourmes et des fosses capitalistes, dites-nous si vos élus ont empêché vos bourreaux, leurs complices, de vous rationner et de souiller vos filles hâves de privations avec le produit de vos peines.

Femmes, dites-nous si les ministères qui se succèdent et fatalement se ressemblent ont rendu une seule goutte de lait à vos seins taris, ou ont donné sa suffisance à votre estomac délabré; dites-nous si vous ne continuez pas à regarder, comme Tantale, le pain qu'on expose à vos regards faméliques.

Enfants, dites-nous quelles sont les misères que vous n'avez pas connues.

Cet ordre social, qui donne tout à ceux qui ne font rien, et rien à ceux qui font tout, serait-il immuable?

Nous ne le pensons pas.

Depuis quelques années, un réveil se produit dans le monde entier.

Les délégués autorisés du travail commencent à comprendre que le problème à résoudre n'est pas seulement corporatif, national : il est international, universel.

Chaque jour, les groupes ouvriers : chambres syndicales, cercles d'études, fédérations révolutionnaires, etc., se multiplient, et les sacrifiés de partout cherchent à se tendre la main par-dessus les frontières pour organiser la résistance commune.

N'étaient les divisions que des dirigeants méprisables sèment adroitement parmi les travailleurs de tous pays, la victoire serait prochaine.

Sentant, comme l'empire à son déclin, leur domination finir, les bourgeoisies diverses se servent des moyens les plus perfides pour enrayer l'avènement du peuple.

Si les salariés conscients veulent voir, à brève échéance, le règne de la Justice, ils doivent donc mettre une sourdine à leurs luttes personnelles.

Pour ce résultat, il faut compter sur la pression, qui commence à se faire sentir, des spectateurs impartiaux.

Quoi qu'il en soit, le jour où de Paris, sinon de Berlin, partira l'étincelle, une immense explosion aura lieu, et l'on sera étonné du chemin qu'aura fait le communisme.

L'enterrement de Vallès peut en donner un avant-goût : comme à celui de Blanqui, plus de 100,000 socialistes s'y pressaient, à l'ombre des drapeaux rouge et noir, bravant la police occulte et ces gommeux dont elle défend les rentes, les étudiants catholiques ou chauvins.

Tous ceux qui, dans la capitale, ont quelque aperception de l'avenir, avaient tenu à honneur d'y prendre part, depuis les communistes allemands, venant affirmer la fraternité des peuples sur le cercueil d'un de ses plus fermes défenseurs, jusqu'à de jeunes collégiens, faisant leurs premiers pas dans la voie sociale, sous la conduite du professeur Hémery-Geoffrin.

Des manifestations de ce genre, où les écoles socialistes se confondent, marquent dans l'histoire et rendent possible l'union révolutionnaire.

1,

Sur ce sujet brûlant, voici une citation, qui a son importance, du citoyen Jean Allemane :

.....Il est grand temps que cessent les divisions qui annihilent les forces prolétariennes, qu'un terme soit mis aux jalousies et aux rancunes qui font que le peuple ouvrier, ne se contentant pas des haines internationales, se divise en une foule de particulets adverses.

Il faut que l'union de tous ceux qui produisent se fasse contre tous ceux qui vivent à leurs dépens, et que le travailleur s'affirme socialiste-révolutionnaire, aussi bien à l'atelier qu'à la caserne, car, malheur au peuple s'il n'y a similitude de drapeau entre tous ses enfants (1).

II

Ce que veulent les travailleurs éclairés, c'est que des ambitieux ou des sots ne soient point cause que la plus grande partie du produit de leur labeur aille s'engouffrer dans la bedaine des Vautours.

Sauf quelques exceptions dont nous parlerons plus loin, demander, en économie sociale, au riche de défendre la cause du pauvre, au puissant de respecter le faible, n'est-ce pas comme si l'on demandait au frelon de protéger l'abeille, à l'âne de roucouler comme la fauvette ?

Autant demander à Ferry d'être honnête homme, autant vouloir que Galiffet ne soit un assassin.

Les socialistes égalitaires affirment que tout être humain jeté dans ce monde a droit à la vie large et belle, en un mot au bonheur.

Mais est-ce possible ?

— Non, s'empressent de répondre les parasites qui ont monopolisé les fruits de cette terre.

— Si, répliquent les déshérités conscients qui les font croître en les arrosant de leurs sueurs.

A l'ouvrier qui produit la richesse et n'a rien à se mettre sous la dent, on prêche le respect de la boulangerie ; à lui qui, d'un bout de l'année à l'autre, a le corps exposé à toutes les intempéries, on recommande de ne pas entrer dans les magasins qui regorgent de vêtements ; à lui qui loge dans un galetas, on défend de jeter un coup d'œil sur ces habitations salubres où il peut voir à toute seconde des écriteaux indiquant qu'elles sont vides.

(1) *Prolétariat*, n° 33, col. 2.

A ce sujet, que penser de la condamnation de Louise Michel, cette vaillante entre les vaillantes, cette Jeanne d'Arc socialiste, dont le peuple gardera le souvenir ?

Vit-on jamais semblable audace : conduire, paraît-il, sous les plis du drapeau noir, une colonne d'affamés, réclamant du travail ou du pain, au sac d'une boulangerie réactionnaire ?

En vérité, toutes les foudres mêmes d'un Q. de Beaurepaire n'atteindront jamais à la hauteur d'un pareil « forfait. »

Nos dirigeants, qui ne pillent pas de boulangeries, se contentant de mettre la main dans les caisses publiques, alimentées par ces meurt-de-faim qu'ils traquent, emprisonnent et déportent, nos dirigeants ignorent-ils donc le proverbe russe :

« Quand le pope a faim, il vole comme le moujik » (1) ?

Si la bourgeoisie est assez ignorante pour croire que si tout le monde mangeait à sa faim, elle, bourgeoisie, manquerait de quelque chose, c'est tant pis pour elle ; c'est une preuve de plus qu'elle doit disparaître comme classe dominante. Si elle ne peut comprendre que dans chaque coin de la terre il y a des forces incalculables à mettre en mouvement, nous n'y pouvons rien ; mais est-ce à dire que nous devons éternellement subir son crétinisme ?

S'agit-il de la construction de chemins de fer ou de l'exploitation de forces motrices qui devraient servir à soulager ceux qu'elle contraint à peiner longuement pour la nourrir, elle temporise. Mais, s'agit-il d'envoyer dans des contrées lointaines des frères massacrer leurs frères, oh ! alors, elle n'hésite plus, la question est sérieuse : *Il faut ouvrir un nouveau débouché à son commerce!*

Brigandage commercial et brigandage militaire se valent : le premier, où domine la fraude, est-il plus honorable que le second, où domine la violence ?

---

(1) Un philosophe italien, Beccaria, l'auteur du célèbre *Traité des délits et des peines*, ne craignait pas de dire au siècle dernier :
« Le vol n'est d'ordinaire qu'un délit de la misère et du désespoir, le délit de cette partie infortunée des hommes à qui le droit de propriété, *droit terrible et non nécessaire peut-être*, n'a laissé qu'une existence dépourvue de tout. »

III

Dans l'état actuel de la science, le machinisme est déjà suffisamment développé pour suffire aux besoins de tous les hommes.

Sans l'affreux gaspillage des forces humaines qui caractérise l'industrie aux mains des capitalistes, il est démontré que tout être valide de dix-huit à quarante ans pourrait ne travailler que trois heures par jour et à peine quatre jours par semaine.

Ce court laps de temps passé au labeur intellectuel ou manuel suffirait à toutes les nécessités de bien-être et de luxe de l'humanité entière.

Que sera-ce donc au lendemain de la Révolution sociale, lorsque les inventeurs pourront donner libre carrière à leur génie?

La mère de famille, qui a assez à faire d'élever ses enfants et de prendre soin de son ménage, ne serait plus alors contrainte d'aller s'atrophier et se pervertir, pour un salaire dérisoire, dans quelque bagne industriel (1).

Mais essayez de convertir certains travailleurs, atteints de cette maladie plus désastreuse que le choléra asiatique même, et qui se nomme la *travaillomanie!*

Comme des perroquets d'Arcadie, écrit Lafargue dans le *Droit à la paresse*, ils répètent la leçon des économistes : « Travaillons, travaillons, pour accroître la richesse nationale. » O idiots! c'est parce que vous travaillez trop que l'outillage industriel se développe lentement.

Cessez de braire et écoutez un économiste; il n'est pas un aigle : ce n'est que M. L. Reybaud, que nous avons eu le bonheur de perdre il y a quelques années :

« C'est en général sur les conditions de la main-d'œuvre que se règle la révolution dans les méthodes du travail. Tant que la main-d'œuvre fournit ses services à bas prix, on la prodigue; on cherche à l'épargner quand ses services deviennent plus coûteux. »

Pour forcer les capitalistes à perfectionner leurs machines de bois et de fer, il faut hausser les salaires et diminuer les heures de travail des machines de chair et d'os.

Les preuves à l'appui? c'est par centaines que l'on peut les fournir.

_____

(1) Nos modernes « défenseurs de la famille » arrachent la femme et la jeune fille à leur foyer pour les traîner dans leurs usines, où la pudeur de l'une, la virginité de l'autre, ont bientôt disparu, pendant que les petits sont à la salle d'asile et les derniers-nés à la crèche.

A la tête de ces charlatans de la morale, on est toujours sûr de rencontrer quelque philanthrope en train de réaliser une grosse fortune.

Dans la filature, le métier renvideur (*self acting mule*) fut inventé et appliqué à Manchester, parce que les fileurs se refusaient à travailler aussi longtemps qu'auparavant.

En Amérique, la machine envahit toutes les branches de la production agricole, depuis la fabrication du beurre jusqu'au sarclage des blés : pourquoi? Parce que l'Américain, libre et paresseux, aimerait mieux mille morts que la vie bovine du paysan français.

Le labourage, si pénible en notre glorieuse France, si riche en courbatures, est, dans l'Ouest américain, un agréable passe-temps au grand air que l'on prend assis, en fumant sa pipe.

Autre passage de ce livre intéressant :

La grande expérience anglaise est là, l'expérience de quelques capitalistes intelligents est là : elles démontrent irréfutablement que, pour puissancier la productivité humaine, il faut réduire les heures de travail et multiplier les jours de paye et de fêtes...

Que les prolétaires d'aujourd'hui, exténués par un travail de huit, dix, douze heures, aient sans cesse peur d'en manquer et en demandent toujours davantage, voilà ce que la postérité ne comprendra pas.

Alors que des fortunes colossales se réalisent en quelques années, ceux-là même qui les ont produites vont finir lamentablement dans quelque hôpital.

Ne vaudrait-il pas mieux que les prolétaires anglais et français refusassent obstinément le travail, comme ceux d'Espagne, qui, en somme, trouvent à vivre, que de se condamner aux travaux forcés pour en arriver à mourir de faim?

Pour réagir contre une surproduction sans mesure, entraînant les chômages qui, de plus en plus, fauchent les malheureux par milliers, il faut en arriver à couper la journée ordinaire en deux.

Comme le dit encore Lafargue :

... Pour avoir du travail pour tous, il faut le rationner comme l'eau sur un navire en détresse.

Les ouvriers des différentes nations doivent exiger législativement, sinon révolutionnairement, de la part des aimables détrousseurs qu'ils ont encore la naïveté d'envoyer aux Chambres au lieu de les mettre au mur, une loi internationale fixant la journée de travail à cinq heures — autrement dit trente heures par semaine — avec une base de salaire suffisamment rémunératrice.

Dans le même ordre d'idées, qu'ils n'oublient pas de réagir encore contre le marchandage, le travail aux pièces et surtout le cumul, ces abus, qui ne profitent qu'en apparence à quelques-uns, augmentant en réalité la détresse du plus grand nombre.

Ils ont pour conséquence de créer dans les corporations une aristocratie ouvrière, plus intolérable que l'aristocratie patronale.

Chez les correcteurs notamment, ne voit-on pas des égoïstes tenir deux et trois places, chacune amplement rétribuée, lorsque tant de pauvres bougres n'en ont pas même une ?

Mais soyons juste : sur vingt et un jours de travail par semaine, ces bons apôtres daignent parfois, quand ils tombent de fatigue, faire l'effort de vous en accorder un.

Comme on donne un sou à un mendiant !

Oh ! ceux-là n'aiment guère le socialisme, quoiqu'ils bénéficient souvent des journaux de cette nuance.

En compensation, les véritables communistes sont soigneusement *jetés* des journaux réactionnaires.

D'aucuns de ces vampires, souteneurs intéressés de la politique waldeckienne, dont les errements leur permettent de s'enivrer à la coupe du privilège, couvent même l'espoir de décrocher une timbale.

Heureusement que pour l'ensemble humain, les harangues de ces orateurs brillants produisent autant de tapage qu'une pomme dans un bonnet.

Il est encore, dans l'art de Gutenberg, une confrérie qu'estiment à sa valeur les gens de lettres éclairés : c'est celle des metteurs en pages aux pièces — vulgairement marchandeurs.

Nombre de ces industriels, ne songeant qu'à entasser des espèces prélevées sur leurs nègres blancs, n'ont pas la conscience élémentaire de faire exécuter convenablement le travail qui leur est confié, soit comme épreuves, soit comme corrections (1).

Conséquence : la pensée humaine odieusement travestie.

Conclusion : au même tonneau tous les *happe-chair*, piéçards incapables, marchandeurs sans scrupule, cumulards insatiables et autres assoiffés d'heures supplémentaires.

---

(1) Quelques artistes, ayant l'amour-propre professionnel, échappent à cette règle.

Pas d'effet sans cause !

Donc, pour être équitable, tête première dans la tinette certains directeurs de journaux, gueux enrichis singeant la noblesse et dont l'exigence n'a d'égale que la mesquinerie.

Par leur propagande, les chambres syndicales *libres* — celles qui rejettent de leur sein les marchandeurs et pieuvres quelconques — peuvent contribuer à ce résultat : permettre à l'homme de s'arracher aux brutales nécessités du labeur manuel et d'avoir le temps nécessaire à la culture de son intelligence.

Le point de départ est la commandite, en limitant la production et le temps de travail.

Cette réforme sociale est un des embryons du communisme futur.

Elle ne pourrait être en tout cas qu'un faible acompte sur ce que nous exigerons des négriers du patronat au jour de la liquidation définitive.

I.V

Pour quelques salariés, qui se prétendent révolutionnaires, le remède serait l'allumette chimique, autrement dit la destruction des docks, bazars et magasins, qui regorgent de vivres, de vêtements et de meubles.

Que ne proposent-ils de détruire les machines ? Ce serait plus simple.

Evidemment, la machine, leurs camarades ou eux-mêmes ont trop produit.

Mais en quoi le moyen précité — l'allumette chimique — avancerait-il la Révolution sociale ? Elle la retarderait plutôt : nombre de chômeurs, pareils à des chiens couchants à qui l'on jette un os, cesseraient alors d'aboyer contre les dogues capitalistes.

Et puis, la pléthore productive renaissant toujours, faudrait-il donc sans cesse avoir recours au truc de l'allumette ?

Ce n'est pas sérieux.

Il est difficile que la crise économique ne s'aggrave pas sous le joug de la féodalité industrielle.

C'est la loi d'évolution du Capital : elle ne peut prendre fin, sauf quelques atténuations passagères, qu'au branle-bas suprême.

A la table égalitaire, tout le monde a droit de s'asseoir.

Si les affamés qui pullulent dans la capitale et que MM. de la Rousse cueillent chaque nuit sur les bancs du boulevard, si ceux à qui l'on refuse un lit d'hôtel ou d'hôpital et qui se jettent dans celui de la Seine, si tous ces désespérés, avant de descendre dans la tombe, *descendaient* un bourgeois ou un mouchard (1), pense-t-on que cette propagande par le *fait* n'aurait pas quelque influence sur la solution du problème de la misère ?

Les bons bourgeois, craignant pour leur peau, procureraient bien vite, sinon du travail — travail dont on n'a que faire lorsque tout est en abondance — mais le vivre et le couvert aux exaspérés.

— Et les paresseux, nous répètent les susdits travaillomanes, qu'en ferez-vous ?

— Et le rentier, braves naïfs, dont vous reproduisez inconsciemment la fameuse blague, que f..t-il du 1er janvier à la Saint—Sylvestre ?

N'est-ce pas un comble que ce soit précisément ceux qui ne travaillent jamais qui nous reprochent de vouloir travailler moins ?

Au surplus, quelle différence entre ne rien faire et produire sans utilité ?

Oyez encore sur cette question, vous tous qui aimez le travail... pour les autres, ces lignes d'un citoyen ayant la réputation, parmi les socialistes instruits, de posséder quelque logique :

Comme le choléra — qu'elle va traîner à sa suite, lui servant de véhicule ou de fourrier — la véritable famine que

---

(1) Camille Desmoulins disait dans sa brochure la *France libre*, une de celles qui contribuèrent le plus, en 89, à déterminer le mouvement révolutionnaire :

« Qu'on extermine surtout cette robe grise, cette police, l'inquisition de la France, le vil instrument de notre servitude, ces milliers de délateurs, ces inspecteurs, la lie du crime et le rebut des fripons même. »

Cette œuvre mémorable, dont on croirait les pages ardentes écrites de nos jours, fut éditée par Momoro, qui s'intitulait « premier imprimeur de la Liberté ». Celui-ci, qui l'avait communiquée à la police, refusait de la mettre en vente et de s'en dessaisir. Camille ne put ravoir les exemplaires de son ouvrage, ensevelis dans le fond de la boutique de ce grand patriote, qu'en le menaçant de la lanterne.

le chômage a déchaînée en pleine abondance sur la France ouvrière gagne tous les jours du terrain.

Et les travailleurs des divers centres industriels, frappés au ventre, n'ont encore su — dans leur recours aux pouvoirs publics — implorer que du travail.

Les malheureux ! c'est le travail qui les tue, ce travail, leur unique ressource, qu'ils ont prodigué sans compter, peinant des douze, treize et quatorze heures par jour, alors que, pour répondre aux besoins du marché, la journée de huit heures — réclamée par le socialisme des deux-mondes — aurait suffi et au-delà. Et ils en demandent encore, toujours, même lorsqu'il n'y en a plus. C'est parce qu'ils ont pendant des mois et des années trop abattu d'ouvrage qu'ils sont aujourd'hui sans salaire ou sans pain. Et au lieu de pain, de viande, de vêtements, de chaussures et d'autres moyens d'existence qu'ils ont follement produits, qui leur appartiennent et dont ils manquent, ce qu'ils attendent de l'Etat et des communes, ce qu'ils sont prêts à leur arracher, ce sont des moyens de produire encore — avec des marchandises inécoulables — de nouveaux et plus terribles chômages pour eux-mêmes.

La classe qui vit admirablement à ne rien faire, mais qui a inventé pour autrui le sacro-saint devoir de travailler pour vivre, les a tellement pourris de ses sophismes, qu'à défaut d'ateliers ou de chantiers privés, il leur faut, à toute force, des chantiers ou des ateliers municipaux ou nationaux (1).

Il n'y a donc que deux moyens de combattre le chômage : ou réduire d'une façon sérieuse le temps de travail, ou s'emparer de la machine.

Travaillant pour tous au lieu de produire pour quelques-uns, elle affranchirait le prolétaire moderne du salariat, cette forme déguisée de l'esclavage antique.

Détruire sans nécessité le résultat des efforts, des longues souffrances de producteurs qui ont usé leur vie à créer choses utiles est donc plus qu'une erreur, c'est un crime économique.

Cette règle comporte quelques exceptions d'un autre ordre, mais la grandeur du but les explique.

Au reproche fait aux communalistes d'avoir incendié Paris en 1871, alors que les soudards de Versailles, ivres d'eau-de-vie et de carnage, les fusillaient par dizaines de mille, voici ce qu'un fédéré eut le courage de répondre à ses juges en uniforme :

La gloire de Thémistocle n'est-elle pas d'avoir abandonné Athènes pour affamer l'armée persane, et celle de Rostopchine d'avoir incendié Moscou pour noyer Bonaparte au désert ? Et le Russe ne combattait que pour son empereur, l'Athénien sacrifiait sa patrie à la Grèce : la Commune, elle, combat pour l'Humanité (2) !

_____

(1) Jules Guesde. — Extrait du *Cri du Peuple*, 2ᵉ série, nᵒ 342.
(2) Trohel. — *Une page de la Commune* (sous presse).

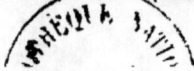

V

Quantité de travailleurs succombent chaque année, victimes du règlement barbare, du manque d'hygiène des ateliers, usines, chantiers et mines : qui donc s'élève contre le triste sort fait à ces parias livrés en pâture au minotaure capitaliste?

A peine quelques précurseurs, secondés par une minorité de salariés, souvent en butte eux-mêmes aux railleries de leurs camarades, aux sarcasmes, quand ce n'est aux calomnies de ceux pour lesquels ils luttent.

> Nous nous plairions au grand soleil
> Et sous les rameaux verts des chênes,

a dit Pierre Dupont, dans le *Chant des Ouvriers*.

Hélas ! petit encore est le nombre de ceux condamnés, de l'aube au crépuscule, à tourner la roue du travail, qui comprennent cet idéal !

Comme les gladiateurs romains acclamant César pour lequel ils versaient leur sang dans l'arène, des mercenaires du labeur, en ce siècle de progrès, acclament Crésus, pour lequel ils succombent dans le champ clos de l'industrie.

N'est-ce pas ce que l'on vit au banquet de Saint-Mandé, où des esclaves du salariat n'eurent pas honte de fraterniser avec le politicien Waldeck, l'accoucheur-ministre de la loi *contre* les chambres syndicales, loi de division qui, si elle n'était combattue par les révolutionnaires, consacrerait leur servitude économique?

Ça ne rappelle-t-il pas les manifestants en guenilles de 48, qui criaient de bonne foi : « A bas les communistes ! » et n'avaient chez eux d'autre contemplation que leur gamelle vide et quelques loques pendues au mur ?

Pauvres hères, qui ne savaient, comme les barberettistes et autres coopérateurs d'aujourd'hui, que jeter de la boue à ceux qui veulent alléger leurs souffrances !

Ils ignoraient que de tout temps il y eut des esprits généreux qui démontrèrent la possibilité d'affranchir l'homme du joug de la misère.

Deux mille ans avant l'ère romaine, des philosophes de l'Inde affirmaient le socialisme, et des lettrés de la Chine en élucidaient le problème du temps de Hugues Capet.

« Rien de neuf sous le soleil », a dit Salomon il y a trente siècles.

Ah! le possesseur est heureux de l'ignorance du dépossédé!

Et cette ignorance, comme il sait l'entretenir habilement! Tous les *larbins* à sa solde : professeurs et députés, faussent l'histoire et tronquent l'économie sociale; journalistes et magistrats, salissent et condamnent; sabreurs et policiers, maltraitent et égorgent!...

Témoin les récentes grèves et les affaires Saint-Elme (1), Mignoquet, Wisler et Vorelle.

Témoin la tentative d'assassinat, agrémentée de violation de domicile et de guet-apens, faite par ces alguazils qui se nomment les frères Ballerich, sur la rédaction du *Cri du Peuple*, coupable de dévoiler les turpitudes de la « maison du bord de l'eau. »

On sait que ce bel exploit à la Camescasse-tête s'est terminé, grâce au sangfroid du citoyen Quercy, par l'exécution à coups de revolver d'un de ces deux sbires.

Nous assistâmes fortuitement à la fin de cette bagarre.

Le commissaire Ballerich vient, pour la forme, de passer aux assises, devant une salle *faite* d'avocaillons et de mouchards : il fut naturellement acquitté. Pour un peu, c'était Quercy qu'on fourrait au bagne.

Et comme ce joli monde, ce monde gouvernemental, lorsqu'on lui parle des revendications ouvrières, déborde de colère fangeuse! Ne dirait-on pas un égout crevé lâchant sa vase et sa puanteur?

Et les forçats libérés, escarpes et souteneurs que le préfet de police, défenseur de la morale, emploie et appointe sous le nom d'agents des mœurs?

(1) Nous fûmes l'ami de Saint-Elme, chouriné en Corse par les opportunistes, comme nous le sommes d'Olivier Pain, menacé du même sort au Soudan par les Anglais. De ce lieutenant du Mahdi, pour se venger des tripotées qu'il leur inflige, n'ont-ils pas eu la bassesse de mettre la tête à prix? Rares sont les publicistes qui, « par leurs actes, » défendent à l'atelier le salaire dû au travail, et ces deux pionniers méritent ce souvenir d'un délégué du travail.

Paris n'est-il pas livré à ces bandes d'argousins
à rouflaquettes qui font payer aux ouvrières et
mères de famille les complaisances qu'ils témoi-
gnent, contre des avantages qui se devinent, aux
hirondelles de trottoir?

Ces dernières sont des malheureuses moins blâ-
mables que les hirondelles de potence, qui se
distinguèrent si bien aux abords de la salle Lévis :
presque toujours, n'est-ce pas la misère, engendrée
par l'exploitation patronale ou l'abandon d'un sé-
ducteur riche, qui les jette au ruisseau?

Les belles bases que celles sur lesquelles se fon-
dent, dans notre prétendue civilisation, la morale,
la famille et la propriété!

Dans la *République des Galligènes*, voici ce
qu'en pense Diderot :

> Charmes de l'état de nature ; bonheur des Otahitiens,
> qui ne connaissent ni la propriété, ni la famille, ni la
> morale. Satisfaction de tous ses désirs, en tant qu'ils ne
> gênent pas la liberté des autres : voilà la vraie morale et la
> condition du bonheur (1).

Au tour maintenant de Chateaubriand, cet écri-
vain réactionnaire qui, dans ses capucinades, eut
quelques envolées lumineuses. Il nous trace d'Ota-
hiti ce tableau enchanteur :

> Sous ces ombrages ignorés, la nature avait placé un
> peuple beau comme le ciel qui l'avait vu naître. Les Otahi-
> tiens portaient pour vêtement une draperie d'écorce de
> figuier ; ils habitaient sous des toits de feuilles de mûrier,
> soutenus par des piliers de bois odorant, et ils faisaient
> voler sur les ondes de doubles canots aux voiles de jonc,
> aux banderoles de fleurs et de plumes. Il y avait des danses
> et des sociétés consacrées au plaisir ; les chansons et les
> drames de l'amour n'étaient point inconnus sur ces bords.
> Tout s'y ressentait de la mollesse de la vie, et un jour
> plein de calme y succédait à une nuit dont rien ne troublait
> le silence. Se coucher près des ruisseaux, disputer de pa-
> resse avec leurs ondes, marcher avec des chapeaux et des
> manteaux de feuillage, c'était toute l'existence des tran-
> quilles sauvages d'Otahiti. Les soins qui, chez les autres
> hommes, occupent leurs pénibles journées, étaient ignorés
> de ces insulaires : en errant à travers les bois, ils trouvaient
> le lait, le pain et les bananes suspendus aux branches des
> arbres (2).

L'opinion du conventionnel Brissot est aussi fort
curieuse :

> Homme de la nature, écoute ! Ton besoin est ton seul
> maître, ton seul guide. Sens-tu s'allumer dans tes veines un

(1) MALON. — *Histoire du Socialisme*, p. 236.
(2) CHATEAUBRIAND. — *Génie du christianisme*, vol. II, p. 193.

feu secret à l'aspect d'un objet charmant... La nature a
parlé, cet objet est à toi : jouis (!) Tes caresses sont inno-
centes, tes baisers sont purs. L'amour est le seul titre de la
jouissance, comme la faim l'est de la propriété (1).

« Arrêtons-nous ici, » car je vois le bourgeois
pudibond — ce pilier de morale — se voiler la face.

Les anarchistes, pourchassés, sous ce régime li-
béral, comme des bêtes fauves, ont-ils jamais rien
écrit de plus concluant?

VI

Bourgeois, hume encore ce petit passage, écrit
par un citoyen sorti de ta classe (2), mais qui
sent quelque chose battre sous sa mamelle gau-
che :

Le mariage, soit qu'il viole les lois de la sélection natu-
relle, soit qu'il ait l'intérêt pour mobile principal, n'est en
réalité *qu'une forme de la prostitution, et non la moins
hideuse : la prostitution sanctifiée par l'Eglise et patentée
par l'Etat.*

. . . .

Aussi ne disparaîtra-t-elle que lorsque l'amour libre aura
remplacé le mariage et que la Révolution aura assuré à
chacun et à chacune, par la rémunération équitable du travail, un droit égal à la vie et au bien-être. . . . . . .

Tant que les hommes seront courbés sous le joug du
Capital, il y a peu de chances pour un meilleur avenir.
La trinité moderne : Propriété, Religion, Famille, doit
être *renversée* de son piédestal, afin que la reconstitution
sociale s'accomplisse (3).

La religion? Bonne plaisanterie!
Les dirigeants font semblant de la combattre;
mais comme ils sont heureux de voir ses racines
plonger dans le terreau officiel, jetant son ombre
sur la France!

---

(1) Brissot : *Recherches philosophiques sur le droit de propriété et sur
le vol*, p. 24. — Reproduit dans l'*Histoire du Socialisme*.
(2) Nous ne pouvons oublier que des bourgeois ont donné et donnent
encore pour le peuple leur liberté, leur fortune et parfois leur vie.
« C'est là, dira-t-on, des exemples peu communs et qui n'infirment en rien
la règle. »
D'accord ; mais que penser des traîne-misère de l'ordre actuel qui, comme
autrefois les esclaves d'Amérique, combattent pour leurs oppresseurs?
(3) FRÉDÉRIC STACKELBERG. — La *Femme et la Révolution*, p. 17, 18 et 30.
— Cette brochure remarquable, traduite en allemand, fait justice des préjugés familiaux, si difficiles à déraciner et qui sont un réel obstacle à la
diffusion des principes rénovateurs. Par suite de ces préjugés, que de
propagandistes dont les luttes sont plus dures dans leur intérieur qu'au dehors!
Pour persister dans ces conditions, ne faut-il pas être dix fois convaincu ?
Cette œuvre ouvre donc des horizons nouveaux, et toute personne qui aime
la lumière doit avoir à cœur de la lire.

Les prêtres ne sont-ils pas le plus ferme appui des grands ?

Ils prêchent aux pauvres, aux déshérités, un monde meilleur où ils jouiront de toutes les félicités, afin qu'eux-mêmes et leurs complices, rois, juges, capitaines, possesseurs, puissent disposer de cette tere, le seul monde — et en cela ils n'ont pas tort — auquel ils croient.

Devant des ouvriers réclamant une répartition plus équitable des charges sociales et du capital humain, il ne suffit plus de jouer la comédie libérale, qui consite à s'indigner contre le droit du seigneur ou l'inconduite de quelque curé.

On remarque que beaucoup, parmi ceux qui crient le plus fort contre les jésuites, n'ont d'autre but que de détourner l'attention du peuple pour pouvoir plus facilement lui mettre la main dans la poche, au nom de la liberté économique.

Ce ne sont pas les dérivatifs guerriers, que va chercher jusqu'en Chine une oligarchie mourante, qui empêcheront la lumière de resplendir.

Pas davantage sa police (1) ni son cabinet noir, ce dernier fonctionnant toujours, de l'aveu même fait en pleine séance du Palais-Bourbon par son ex-directeur, le ministre des postes Cochery.

Est-il un espionnage plus odieux ? Du moins on se défie de la police ; mais on se fie à la poste, et elle nous trahit : le commis de barrière ne fouille que dans notre poche, celui de la poste fouille dans notre pensée.

Grâce à ces procédés d'un autre âge, que de citoyens étrangers jetés à la frontière et de compagnons français pourrissant dans les geôles !

Les rhétoriciens discrédités de la classe bourgeoise aux abois, qu'ils se nomment positivistes, coopérateurs, *mutuellistes* ou autres colinsiens — tous les ignares ou vendus qui combattent avec

(1) Dans une brochure publiée en 1879, pour laquelle, soit dit en passant, nous fûmes jeté en prison et ruiné, voici ce que nous disions de cette gracieuse caverne :

« La préfecture de police, dont les procédés jésuitiques et tortionnaires rappellent en plein XIXe siècle ceux de l'ancienne Inquisition, est merveilleusement organisée pour ce but: calomnier impunément les citoyens qui se dévouent au triomphe de la cause sociale, tout en couvrant de son égide les quelques misérables assez vils pour trahir leurs frères. *(Réformes sociales urgentes et Chant des Prolétaires*, p. 29.)

mauvaise foi le seul moyen vrai de s'affranchir : la Révolution — ne réussiront point à sauver ladite classe du naufrage.

La galère politicienne fait eau de toutes parts, et les producteurs libres d'attaches ministérielles — et conséquemment estimables — se chargent du dernier plongeon.

Pour mener à bien cette œuvre de salubrité, il suffit que l'élite des travailleurs y voie clair, et à la « prochaine », ils ne se feront pas faute, si cela est nécessaire pour garder la victoire, d'étriller cette bande servile à coups de fusil.

VII

Il est une autre catégorie d'êtres nuisibles : c'est celle des boutiquiers stupides qui croient que les révolutionnaires n'ont qu'un rêve : s'évanouir sur les trois sous de leur comptoir.

Mais ne sont-ce pas les agissements de cette engeance qui font que ce monde est une forêt où chacun s'occupe de dépouiller son voisin ?

Qui oserait mettre en doute la réalité des appréciations de cet estimable employé de commerce, le citoyen Gély ?

L'*Enrichissez-vous* de Guizot, dit-il, est encore la devise qui préside à toutes les opérations du commerçant et de l'industriel, laquelle vient compléter celle du Jésuitisme : *La fin justifie les moyens*. Et il faut avouer que les moyens qui sont généralement employés dans le but de s'enrichir, s'ils n'étaient pratiqués sous le couvert du commerce ou de l'industrie, conduiraient plus souvent leurs auteurs à la fabrication des chaussons de lisière qu'aux jouissances de la fortune (1).

L'*auri sacra fames* — exécrable soif de l'or — du poëte latin, domine de plus belle.

L'égoïsme, l'appât effréné du lucre, l'avarice hideuse, sont encore les mobiles du moderne courtaud de boutique.

Mais la variété la plus dangereuse de la gent boutiquière est, sans contredit, celle de marchand de vins-principal : Renard doublé de Vautour, embus-

(1) Victor Gély. — *Parias parmi les parias*, p. 20.

qué dans son officine, personne mieux que ce bipède n'excelle en l'art de happer une proie.

Non content de ravir au prolétaire une bonne part de son faible gain, de l'empoisonner par sa piquette à la fuchsine (1) et l'odeur infecte de ses bouges, souvent encore, lorsque ce prolétaire est socialiste, il le signale à la police.

Le nombre est grand de ces rapaces qui, pour se faire pardonner l'exploitation et la mort prématurée de tant de travailleurs, « mouillent de la casserole. »

Parmi les exceptions, il faut citer un brave homme du nom de Pélus, qui restait, il y a quelques années, rue Saint-Jacques, à côté du Val-de-Grâce.

Lorsque nous fûmes poursuivi pour la brochure dont nous avons parlé plus haut — dans laquelle brochure nous stigmatisions les affameurs et proscripteurs du peuple — ce vieillard estimable nous aida à mystifier le commissaire, un Dulac quelconque, et vint même nous voir dans notre cellule.

Des exemples pareils vous consolent des lâchetés de la plupart de ses congénères.

Dans cette clique abjecte, il en est un qui mérite... la palme.

Son nom, que nous ne lui ferons pas ici l'honneur d'afficher d'une autre manière, rappelle un personnage mal famé de Balzac.

Les militants de la capitale le reconnaîtront, car il en a suffisamment injurié lorsqu'ils venaient voir, dans les parages de la rue Soufflot, certain propagandiste investi de leur confiance et qui, pour son malheur, perchait dans l'antre du susdit.

Les socialistes n'ont pas toujours le choix et se logent où ils peuvent.

Dans le nombre des citoyens sur lesquels ce malotru — fort de ses attaches suspectes — éjacula sa bave, nommons MM. de Jouvencel, ex-commandant de francs-tireurs, et Dupré, garçon de bureau.

Il ne serait pas impossible qu'*à l'occasion*, quel-

---

(1) Pour faire fortune, bien marier leurs demoiselles et se retirer plus vite avec leur dame dans un château, à la campagne, ces notables chenapans feraient, d'un cœur léger, crever la moitié de Paris. (GRAMONT, *Intransigeant*, n° 1624.)

ques-uns se souvinssent de sa grossière imperti-
nence.

Mais le plus bel exploit de ce volatile féroce est
celui-ci : après avoir « vu des messieurs de la préfecture », comme il l'avoua textuellement dans
cette phrase à encadrer, il fit jeter, en plein hiver,
dans la rue, à l'aide d'un huissier... complaisant et
d'un juge de paix de même farine, notre pauvre propagandiste, l'exposant ainsi à la ruine et entravant
pour de longs mois — ce qui intéresse la cause commune — sa mission éducatrice.

Ajoutons que ce prolétaire, lorsqu'il reçut congé,
ne lui devait pas un centime.

Les villageois clouent encore le hibou sur l'huis
de la ferme : n'est-il pas autrement utile de clouer
ce Vautour (1) au pilori de l'opinion publique?...

Notre publiciste, à qui il était dû des milliers de
francs, se trouve donc subitement, à la suite de cette
prouesse vautourienne, réduit à errer, sans asile,
pendant cinq jours.

Ses meubles, qu'il eut l'art, en déménageant à la
« cloche de bois », d'arracher aux serres malpropres
de l'oiseau de proie précité, restent, pendant ce
temps, dans une cour, exposés à la neige.

Les bons petits frères l'avaient lâché avec ensemble, et sans l'intervention d'hommes de cœur
qui ne lui devaient rien : les citoyens Phillip, professeur d'anglais; Halphen, marchand d'encres d'imprimerie; Péchon, correcteur, et J.-A. Mancel, publiciste, il en serait peut-être encore à chercher un
domicile dans les carrières d'Amérique.

Jusqu'à certain marchand de papier noirci, se
disant un de ses coreligionnaires, qui profitait de
ce coup de police pour démarquer son titre de
propagande!...

Tous les commerçants — et c'est heureux pour
l'Humanité — ne ressemblent pas à ces êtres qui
ont une pièce de cent sous à la place du cœur.

Voici le citoyen Louis Pierre, un marchand de
province, qui, dans un drame communiste intitulé :
La *Main de Fer*, rappelant la Main noire, en
Espagne, prononce ces paroles humaines :

(1) Plus voraces peut-être sont ses dignes femelles, la première, une cafarde
de cambrouse qui barbouille comme une pie enrhumée; la seconde, une

..... Je compris que le monde,
Courbé sous la misère et le servage immonde,
Par la science, un jour, pourrait être meilleur,
Sans esclave ni maître, et que le travailleur,
Prenant enfin sa place au banquet de la vie,
Saurait jouir en paix du bonheur qu'il envie (1).

VIII

Quelle est donc la raison pour laquelle le règne du bonheur universel n'existe-t-il pas encore.

Le citoyen Lucien Pemjean va nous l'expliquer dans la brochure *Plus de frontières* :

Quand les premières peuplades, lasses de la vie honnête, sobre et tranquille qu'elles menaient dans leurs contrées rustiques, apprirent que des pays ignorés, mieux situés ou plus fertiles, offraient à ceux qui s'y trouvaient un climat plus favorable ou des ressources plus abondantes, une idée criminelle, infâme, surgit chez quelques-unes d'entre elles.

Si l'on envahissait ces régions privilégiées ! Si l'on en supprimait, chassait ou subjuguait les habitants ! Ceux d'entre eux qui voudraient échapper au massacre ou à l'exil devraient s'incliner devant la suprématie du vainqueur et se reconnaître ses humbles et obéissants esclaves. La terre accaparée deviendrait la propriété des nouveaux venus qui la feraient cultiver à leur profit par ceux dont ils auraient pris la place.

Aussitôt pensé, aussitôt fait.

C'est alors que l'on vit des tribus entières, jusque là calmes, simples et laborieuses, se transformer soudain en hordes de barbares, et, guidées par un chef ambitieux et féroce, se ruer à l'improviste, l'écume aux dents, la rage aux yeux, la convoitise au cœur, sur les populations pacifiques et confiantes.

Ainsi naquit la guerre.

Comme il fallait s'y attendre, les usurpateurs se partagèrent le sol dont ils venaient de s'emparer : d'où la propriété. Les vaincus se virent obligés, moyennant une rétribution dérisoire, de travailler pour les vainqueurs : d'où l'exploitation de l'homme par l'homme. Enfin, se trouvant dans la nécessité de protéger leurs conquêtes contre les entreprises de voisins mis en appétit par leur exemple, les conquérants entourèrent de remparts le territoire qu'ils s'étaient approprié et chargèrent leurs mercenaires du soin de le défendre : d'où les frontières, la Patrie.

« Maudit soit, s'est écrié Jean-Jacques, celui qui, plantant le premier pieu et creusant le premier fossé, a osé dire : *Ceci est à moi*, et a trouvé des gens assez naïfs pour le croire ! »

---

grande girafe hargneuse, bonne... à tout faire. Dangereuses pour ceux qu veulent le bien-être de leurs semblables, car elles s'entendent aussi bien à faire mettre dedans que dehors. Les socialistes ne se méfient pas suffisamment de la *jappe* des harpies. Complétons la ménagerie en signalant, dans le même quartier, tapi dans un kiosque, un vieux fouinard pédéraste, aux yeux de fauve qui riboulent, et une bête à cornes à bille d'Auvergnat, qui vend des bons dieux. Ces *honnêtes gens*, qui tremblent pour leur bas de laine firent, en 71, sous la Terreur bourgeoise, fusiller des proscrits.

(1) Louis Pierre. — La *Main de Fer*, p. 12.

Oui, maudit soit l'homme qui, le premier, se servant de la force ou de la ruse pour se rendre maître d'une parcelle du bien de tous, a posé le principe exécrable qui régit encore aujourd'hui les sociétés humaines! Maudit soit le bandit qui, le premier, élevant une barrière entre deux champs, a prononcé cette parole scélérate : « Ici sont nos amis, là sont nos ennemis (1)!

L'homme a donc a pour patrie l'intelligence, et hors d'elle seulement, il est étranger.

Ecoutons maintenant un des princes de l'Eglise — colonne du fanatisme et du pouvoir personnel — l'évêque Bossuet, qui cependant fit cet aveu :

Otez le gouvernement, la terre et tous ses biens sont aussi communs entre les hommes que l'air et la lumière. Selon ce droit primitif de la Nature, nul n'a de droit particulier sur quoi que ce soit, et tout est en proie à tous (2).

On ne s'attendrait guère à voir ce personnage, l'idole des cléricafards, nous fournir des armes.

Nous recommandons ce passage aux jésuites tricolores et autres économistes qui, comme les Leroy-Beaulieu, barbotent dans l'auge officielle en affirmant que la propriété est le résultat de l'épargne.

Qu'ils écoutent encore — s'ils sont capables d'entendre toutefois — ce que disait à cet égard, sous Louis-Philippe, un humble ouvrier imprimeur :

Mais, dites-vous, votre faible nature
Aux temps heureux n'a pas prévu la faim ?
— Est-ce en trouvant à peine sa pâture
Que la fourmi se crée un lendemain ?
Vous le savez, l'abeille en sa sagesse
N'admit jamais l'oisif à sa moisson.
Moi j'ai donné mon suc à la mollesse :
Accordez-moi le pain de la prison (3).

Quel est donc le prosateur ennuyeux qui prétendait que la chanson sociale manquait de sel?

IX

La propriété individuelle et ce qu'on nomme « patriotisme » sont les bases de la dégénérescence et de la servitude humaines.

Le patriotisme, la gloire militaire, comme le Ca-

---

(1) Lucien Pemjean. — *Plus de frontières*, p. 8 et 9.
(2) De Laveleye. — *De la Propriété et de ses formes primitives*, p. 388.
(3) Louis Votelain. — *Le Vieux Prolétaire*, dans ses *Œuvres politiques*, p. 32.

pital, auquel ils servent de moyens de défense, ne sont que la résultante des larmes et du sang des prolétaires.

Ces derniers, que sont-ils? Chair à machine pour le créer, chair à mitraille pour le défendre!

Avez-vous vu partir pour la bataille un régiment bien équipé, aux armes luisantes, et dont les hommes marchent gaîment, en bon ordre, pleins d'entrain, de force et d'espérance ? Il suffit de quelques heures pour transformer cette troupe en un amas confus de fuyards éperdus, déchirés, le visage noirci, traînant des membres brisés, poussant des cris de douleur, et n'offrant plus que le spectable d'un lamentable désarroi.

Parcourez ces villages en ruines, regardez ces chaumières en feu, contemplez ces champs dévastés et couverts de cadavres, et dites-nous, chauvins imbéciles, si les guerres, les guerres de conquêtes, ne sont pas les plus monstrueux des crimes.

Un seul genre de guerre, en notre époque encore barbare, est légitime : c'est la guerre du travailleur contre le capitaliste, de l'opprimé contre l'oppresseur : la guerre sociale.

Comme disaient nos pères de 93, « l'insurrection est le plus sacré des devoirs. »

Elle éclatera périodiquement tant que les écrasés de la féodalité nouvelle n'auront pas réalisé leur idéal de Justice.

Les travailleurs soulevés obtiennent plus en un jour de victoire qu'en cinquante ans de lutte pacifique.

La guerre de conquêtes entrave leur essor vers l'Egalité ; la guerre sociale ou civile leur ouvre les portes de l'Avenir.

Toute la science des gouvernants consiste à déchaîner celle-là pour éviter celle-ci.

Arrière donc les rêveurs de combats, les chauvins à la Déroulède, les patriotes enragés et bêtes ! Assez de batailles fratricides entre peuples ! Guerre à la guerre ! Une muselière aux revanchards !

L'ennemi n'est pas au delà des frontières, il est ici même : c'est le riche, c'est l'oisif, celui qui n'a que la peine de naître et de se vautrer dans les jouissances, tandis que le pauvre, le producteur, condamné à un labeur sans trève, voit s'éteindre sa triste existence dans le dénûment et le désespoir.

Sous le fallacieux prétexte de défendre « la patrie, » le sol, dont la plupart des plébéiens ne possèdent pas une parcelle, on ne nous arme en réalité que pour défendre les prérogatives d'une minorité infime.

Si, las de nous voir broyer sous la meule possédante, nous réclamons un adoucissement à nos douleurs, on lâche sur nous les troupes de police et l'armée prétorienne.

Et si par hasard un député, plus honnête ou moins canaille que ses pareils, élève la voix en notre faveur, des démocrates de la Chambre les uns bâillent, les autres se tordent, et l'on passe à l'ordre du jour.

Farce lugubre!

— Mais les Allemands, disent les sycophantes qui nous gouvernent, ne pensent qu'à nous enlever la Champagne et la Bourgogne, après nous avoir ravi l'Alsace et la Lorraine.

Fadaises!

Nos expulseurs de réfugiés ne s'entendent-ils pas avec le roi de Prusse comme larrons en foire ?

Les enfants perdus de notre cause se moquent du suffrage universel comme une poule d'une fourchette, et les travailleurs ne seront pas de si tôt libres s'ils ne recourent à des moyens plus énergiques; mais les chacals puants de l'agio, et autres punaises de sacristie qui se repaissent de notre sang, ne donneront pas longtemps le change sur le mouvement socialiste en Allemagne.

Malgré le semi-état de siège, deux millions de votards viennent d'envoyer vingt-cinq députés socialistes, nommés sur un programme de classe, au Reichstag allemand : en compte-t-on un seul au Parlement français (1)?

Et puis aux jours de honte de 1870-71, est-ce que les députés communistes Bebel, Liebknecht et Jacobi n'eurent pas le courage de protester en

(1) Un petit nombre de porte-paroles du Parti ouvrier ont réussi à forcer les portes d'assemblées électives de moindre importance. La sentinelle de la Révolution, Paris, n'en compte encore que deux, siégeant à l'Hôtel-de-Ville : les citoyens Chabert et Vaillant.

plein Reichstag contre le démembrement de la France et l'égorgement de la Commune ?

Qui ne sait que pour cet acte de solidarité humaine, les hobereaux tudesques, qui ne le cèdent en rien aux pépitards français, étouffèrent la voix de ces vaillants dans le silence d'une forteresse?

Si la République existe en France — République patronale, mais préambule de la République ouvrière lorsque nous serons vainqueurs — on le doit au martyre des 35,000 soldats de la Commune : qu'on nous cite un seul député de l'Assemblée de malheur ayant eu la conscience de protester contre cette infamie sans exemple dans l'histoire des nations !

Le patriotisme et le parlementarisme ne sont que des leurres, car sauf quelques mandataires fidèles qui abandonnèrent la tourbe de royalistes siégeant à Bordeaux, ceux qui furent proscrits pour la cause communaliste ne trouvèrent de défenseurs que dans les Assemblées étrangères.

Conclusion : un étranger qui fait son devoir vaut-il un Français qui ne fait pas le sien? La réponse n'est pas douteuse.

Donc, il faut serrer la main à un communiste allemand et mépriser un bourgeois français.

Il faut couronner le tout par le rétablissement de l'Internationale et la grève des conscrits pour effacer les fontières.

> Nations, mot pompeux pour dire barbarie.
> L'amour s'arrête-t-il où s'arrête vos pas?
> Déchirez vos drapeaux ! Une autre voix vous crie :
> L'égoïsme et la haine ont seuls une patrie,
>   La Fraternité n'en a pas (1) !

X

— Les socialistes sont des partageux, disent encore nos ennemis et les ignorants. Ils veulent parta-

---

(1) LAMARTINE. — *Marseillaise de la paix.* — Mais pourquoi diable l'auteur de ce beau chant, hissé un moment sur le pavois populaire, ne fit-il en 48 déchirer que le drapeau rouge, le seul, avec le drapeau noir, tant que le règne de la Justice ne sera pas instauré, qui puisse avoir sa raison d'être ? Pourquoi n'en fit-il pas de même du drapeau tricolore, qu'il glorifia, au contraire, dans une apostrophe emphatique? Ah ! c'est que comme son confrère Hugo, il était au fond bourgeois, et que l'on n'oublie pas facilement ses intérêts de classe ! Ce dernier même, sur le nez de qui certains panégyristes cassent l'encensoir, distança Lamartine : aux journées de Juin, il conduisit un bataillon de l'ordre contre les malheureux insurgés ! Dans cette voie, l'on pourrait aller loin : n'avons-nous pas vu l'ami de ce poète surfait, le transfuge Louis Blanc, voter en 1871 des remerciements aux assassins de ses électeurs?....

ger entre les hommes les richesses et les propriétés.

Cela se dit, s'écrit et trouve malheureusement des badauds pour l'avaler.

En supposant que cela fût exact, qu'auraient donc à y perdre les forçats du travail, les crève-la-faim, tous ceux qui n'ont pas même une pierre où reposer leur tête ?

Mais cette affirmation n'est qu'une erreur intentionnelle, un mensonge de plus de la caste satisfaite pour mettre de son bord les épargnistes sur le nécessaire et autres jobards.

Les communistes ont quelque sens, et savent qu'au lendemain du partage il ne manquerait pas de *soiffards* qui bazarderaient leur lot pour une chopine.

C'est avec des bourdes pareilles qu'on trompe ceux qui n'ont pas le loisir d'étudier l'origine de leurs souffrances et les moyens d'y mettre fin.

Loin de vouloir le partage des biens et richesses, ceux qui méritent la noble appellation de socialistes exigent, au contraire — on ne saurait trop le répéter — l'abolition du partage héréditaire, principal facteur de la propriété individuelle, d'où découlent toutes les iniquités.

Le maître, jadis, était reconnu propriétaire de son esclave : cette propriété était-elle légitime et la loi qui la consacrait créait-elle un véritable droit?

La loi, faite par une classe, ne peut être que l'expression des intérêts de cette classe.

Aujourd'hui, l'enfant du pauvre tombe nu sur la terre nue, comme s'il naissait à l'état sauvage.

« La propriété individuelle n'est que le vol légalisé ! » ont dit à travers les âges vingt novateurs, depuis les sages de la Grèce, jusques et y compris les Pères de l'Eglise.

Nous sommes loin de donner ceux-ci comme modèles, sachant que leur doctrine mystique dérobe encore à beaucoup d'hommes l'aurore libertaire; mais l'on nous permettra d'ajouter que Brissot et Proudhon, qui s'attribuèrent cette pensée, ne furent que des plagiaires.

Pour mettre fin au régime de l'exploitation de l'homme par l'homme, il faut que toutes les richesses naturelles et artificielles : terres, mines,

maisons, fabriques, banques, chemins de fer, na-
vires, etc., appartiennent à tous et à personne.

Il faut qu'à l'avenir ces propriétés, ces valeurs,
ne soient plus partagées entre quelques-uns, mais
que leur produit serve au bien-être de la collecti-
vité entière.

Il n'y a de partageux que les scélérats : prêtres,
capitalistes et rois.

Est-ce que les gouvernements — un mot à effacer dans le vocabulaire futur — n'exterminent pas
les peuples et ensuite ne partagent pas entre eux
le butin ensanglanté?

Est-ce que la Pologne et l'Egypte, l'Inde et la
Chine n'en sont pas la démonstration ?

Comme le corbeau qui suit les armées, prêt à se
repaître de cadavres, le spéculateur occidental s'est
abattu sur ces dernières contrées.

L'Inde et la Chine furent le berceau du monde :
que les chevaliers du meurtre et de l'usure prennent garde : elles pourraient devenir leur sépulcre.

XI

Quelle est, en résumé, la condition des producteurs, sur quelque point du globe qu'on porte les
yeux, en face de l'opulence et de la tyrannie des
pasteurs d'hommes ?

Dans la mansarde et la chaumière, l'indigence et
le fétichisme; au champ et à l'usine, faible salaire
et long labeur; la plupart des êtres humains pliant
sous la charge des impôts, humiliés sous les avanies
des créanciers, des buveurs d'or et de sang : un présent désastreux, un avenir plus sinistre encore.

Allons, éternels vaincus, préparons-nous, par la
Solidarité, à la dernière bataille, celle qui doit nous
affranchir du salariat et de l'oppression séculaire!

Détruisons le cloaque où nous enferment la propriété individuelle, la religion et le militarisme.

Aérons-le à coups de canon, si nous ne voulons y
mourir étouffés, anémiques.

Il nous faut de l'air et de la poudre !

Comme l'a dit Vallès, « dans la bataille sans
éclairs qui se livre entre les murs d'usine calcinés

et noirs, ou entre les cloisons des maisons gâtées, le plomb à ordures fait autant de victimes que le plomb à fusil ! »

Comment faire la trouée dans ce monde d'iniquités sociales ?

Par la Révolution internationale, dont les sourds grondements se perçoivent déjà d'un pôle à l'autre

D'où est venue notre grande révolte nationale de 89 ? De la masse. Comment a-t-elle réussi ? Par des milliers de révoltes locales contre les tout petits souverains de châteaux, d'églises, de monastères.

La prise de la Bastille — quelque chose comme un meurtre de despote élégamment accompli — eût été complètement inutile sans les « brigandages » de province.

C'est à la lueur des châteaux, aux clameurs de révolte universelle, que nous devons la nuit du 4 août, la mise en marche définitive de la Révolution.

Si elle n'a pas encore porté ses fruits, on le doit à la confiance naïve de nos frères d'alors qui, pendant qu'ils couraient à la frontière, furent dépouillés, par la mauvaise foi bourgeoise, de leur part légitime des biens nationaux.

Avant d'aller guerroyer sur le Rhin ou sur le Tibre, ils auraient dû exiger la mise en commun des valeurs territoriales immenses reprises à bon droit sur les prêtres et les nobles, qui les avaient eux-mêmes, pendant le cours des siècles, extorquées aux pauvres.

Quand vint, plus tard, la conjuration des Egaux, dont l'épilogue fut la mort héroïque, sur l'échafaud de Vendôme, de Babeuf et de Darthé, le communisme était moins facile à établir, les paysans avides et les gredins de la bourgeoisie ayant eu le loisir de se cantonner solidement sur leurs nouveaux fiefs.

Sans la délation d'un ignoble traître du nom de Grisel — officier de troupe et soldat de police comme le roussin Pottery (1) — peut-être eût-on vu son triomphe.

_____

(1) Ce misérable provocateur, à la suite de l'échauffourée de la salle Levis, où il fut houspillé de la belle manière, a fait condamner, entre autres militants d'avant-garde, le compagnon Millet et notre confrère Piéron, malgré l'éloquente plaidoirie d'un avocat socialiste, le citoyen Argyriadès.

C'est à recommencer, en se souvenant du mot
de Saint-Just :

« Les gens qui font les Révolutions à demi n'ar-
rivent qu'à se creuser une tombe. »

XII

Que les prolétaires des villes et des campagnes,
décimés par la famine au sein de richesses incom-
mensurables, prennent encore exemple sur la tac-
tique des Irlandais.

C'est à leurs révoltes incessantes et à la terreur
qu'ils ont semée jusqu'au centre même de la capitale
anglaise, c'est aux exécutions multipliées de land-
lords qu'ils doivent un commencement de succès.

Au dire d'un statisticien gouvernemental, M. Ber-
tillon, la misère couche en France, chaque année,
90,000 personnes au cimetière.

Parmi ces infortunés, des milliers mettent fin à
leurs tortures par le suicide.

Mourir pour mourir, nous le répétons, pourquoi
ne suivraient–ils pas l'exemple des O'Donnell,
Florion, Cyvoct, Stellmacher et Reinsdorf?

« Quand le dernier des Gracques expira, assas-
siné par la main des nobles, dit Mirabeau, il jeta
de la poussière au ciel, et de cette poussière mêlée
de sang naquit Marius, Marius moins grand d'avoir
vaincu les Cimbres que d'avoir anéanti l'aristocratie de Rome. »

Pourquoi les sacrifiés d'un ordre social inique,
au lieu de jeter de la poussière au ciel, ce qui ne
nous semble guère pratique, avant de cracher leur
vie ne cracheraient–ils pas des balles dans le
ventre de leurs affameurs (1)?

N'est–il pas abominable que l'on puisse trouver
des centaines de millions pour des aventures lointaines ne rapportant que la peste et la honte, et

---

(1) La Chambre infâme n'a plus rien à envier à l'ancien régime : elle
vient de rétablir le Pacte de famine. Sous l'habile prétexte de protéger l'a-
griculture nationale, mais, en réalité, pour défendre les fermages de quelques
gros terriens, elle n'a pas hésité à mettre un impôt sur la nourriture du
pauvre, le pain. La viande a naturellement suivi. La poire mûrit pour
Philippe VII. Que les partisans de la forme républicaine veillent et se préparent au grand coup de balai!

qu'on abandonne à la plus atroce détresse des centaines de milliers de plébéiens?

Des malandrins qui gaspillent ainsi la fortune de la France et le plus pur de son sang, et qui ne trouvent pas un centime pour donner un asile et du pain à ceux qui subissent des misères inénarrables, ne sont-ils pas les derniers des criminels?

Répondre aux angoisses des damnés de l'enfer social par des coups de sabre et de casse-tête est un piètre argument qui n'absoudra pas, au jour de la justice populaire, les tripoteurs ministériels des folies tonkinoises et madagascaresques.

La bourgeoisie agonise, et comme dans certaines maladies, avant l'heure dernière, elle tombe en pourriture.

Que faudrait-il pour hâter sa fin et lui donner la sépulture qu'elle mérite, c'est-à-dire lui faire comme elle nous fit pendant la semaine de Mai, la jeter à la voirie ?

Imiter les légionnaires de César, « frapper à la tête », ou autrement dit, le moment venu, que les prolétaires, condamnés par la bourgeoisie à la mort sans phrases, se ruent sur la Banque de France, jettent au feu le Grand-Livre et le Code, et, en guise d'apothéose, fassent faire au Palais-Bourbon un petit saut dans les nuages.

La plume et la parole préparent notre délivrance : la dynamite et le pétrole pourront l'achever.

« Il faut que l'épée tirée, comme l'affirmait Babeuf, le fourreau soit jeté au loin. »

Mieux vaut mourir libre que vivre esclave.

Ceux qui ne sont pas avec nous pour socialiser les forces productives sont contre nous : qu'on s'en souvienne à l'heure où, sous le choc du marteau révolutionnaire, sonnera la suprême revanche du prolétariat.

> O République sociale,
> Accours enfin nous affranchir,
> Et pour l'Internationale,
> Sachons encor vaincre ou périr!
> Rangés sous nos rouges bannières,
> Brisons à jamais les tyrans :
> Plus de prisons, plus de frontières,
> Et la potence aux conquérants (1).

(1) GABRIEL RIVES. — Les *Iniquités sociales*, chant révolutionnaire.

LA MARIANNE POPULAIRE

DE 1883 (1)

REFRAIN

Va, Marianne,
Pour en finir avec tes ennemis,
Sonne, sonne la diane
Aux endormis !

Mon nom, à moi, c'est Marianne,
Un nom connu dans l'Univers ;
Car j'aime à porter d'un air crâne
Mon bonnet rouge de travers ;
Et du peuple robuste fille,
Au jour des fiers enivrements,
Je veux au grand soleil qui brille,
Avoir des mâles pour amants ! (*Refrain.*)

Arrière donc, race apeurée,
Plats courtisans, vils histrions,
Chacals repus de la curée,
Après la chasse des lions !...
J'eus de tout temps, je vous l'avoue,
La sainte horreur des calotins ;
Mais ces galants crottés de boue
Me font l'effet de cabotins ! (*Ref.*)

Nom de nom ! faut-il que je voie,
Me faisant encore la cour,
Ce chauve au bec d'oiseau de proie,
Monsieur Vautour, Monsieur Vautour...
Ah ! par le dégoût soulevée,
Pour écraser sous mes talons
L'oiseau rapace et sa couvée,
Je marcherais sur les canons ! (*Ref.*)

Dur forgeron, batteur sublime,
Noir mineur, du jour exilé,
Marin qui passes sur l'abîme,
Vieux laboureur, père du blé,
A votre appel, mon sein tressaille,
Car de vous tous je suis la sœur,
Car j'appartiens à la canaille,
Et je m'en fais beaucoup d'honneur ! (*Ref.*)

---

(1) Texte intégral et primitif. — La musique, avec gravure, est en vente
au prix de 25 centimes chez l'auteur, 15, rue Lacepède, et chez le citoyen
A. Le Roy.

Quand le vieillard que l'on rebute,
Seul pour mourir se couche au soir ;
Quand vos filles, de chute en chute,
Roulent aux hontes du trottoir ;
Quand le spectre errant de la grève
Sort en haillons de ses taudis,
Là, de pitié, mon cœur en crève,
Et les heureux, je les maudis ! (*Ref.*)

C'est pourquoi ma gaîté native,
Avec ses vieux refrains, a fui ;
A ma lèvre, autrefois naïve,
L'amertume monte aujourd'hui ;
Ou si, devant tant de misère,
Je trouve des accents plus doux,
C'est pour tromper l'enfant sans mère,
En l'endormant sur mes genoux. (*Ref.*)

Des dirigeants, la caste avide
Vous répète : « Croyez au ciel ! »
Dérision ! leur ciel est vide,
Et votre enfer seul est réel !
Moi, pour faire œuvre plus féconde,
J'apporte à tous la même loi :
C'est la justice dans ce monde,
Et fi de l'autre, sur ma foi ! (*Ref.*)

Je hais les guerres de conquêtes,
Je hais les rois et les Césars :
En triomphateurs, sur nos têtes,
N'ont-ils pas fait rouler leurs chars ?...
Des massacreurs qu'on glorifie
Ma main châtiera les forfaits :
J'ai mis la marque d'infamie
Sur l'épaule des Galiffets ! (*Ref.*)

Mais si la Faim à face blême,
Devant les repus se dressant,
Leur pose en armes son problème,
Sur nos pavés rougis de sang,
Je sais bien que pour le résoudre
L'éloquence ne suffit pas :
C'est en faisant parler la poudre
Qu'on fait taire les avocats ! *(Ref.)*

Oui, c'est beau d'abattre les trônes,
Par un Dix-Août, en plein soleil ;
Beau de danser sur les couronnes
Le *Ça Ira* du grand réveil ;
Mais, chaque jour, il faut se rendre
A Capital, roi monstrueux :
Sus à ce tyran pour le prendre,
Et vous serez riches, mes gueux ! (*Ref.*)

Ma République, ô prolétaire,
Eternel vaincu du destin,

C'est à la table égalitaire,
Ton couvert mis dès le matin ;
Et devant l'homme j'y réclame,
Pour mon sexe, la liberté :
Il faut relever dans la femme
L'aïeule de l'humanité ! (Ref.)

Tombez, tombez, vieilles barrières,
Au jour nouveau de la raison ;
Tombez, préjugés et frontières,
Avec la dernière prison !
Puis, ce sera la délivrance,
Œuvre si lente à s'accomplir :
La Bastille de l'ignorance,
C'est la plus dure à démolir ! (Ref.)

Que cette aurore fraternelle,
France, illumine, un jour, ton front,
Et, pour en porter la nouvelle
Aux désespérés qui naîtront,
Mon âme, chantant dans les cuivres,
Joyeuse, éclatera sur eux :
Et ces esclaves seront ivres,
Ivres de mon vin généreux !

SOUÊTRE.

LOUISE MICHEL ET LE DRAPEAU NOIR

A la Citoyenne Olivier Souêtre.

Vivre en travaillant,
Ou mourir en combattant.
(Lyon, 1831.)

Au jour fatal où sombra la Commune,
Quand notre sang gonflait le vaste égout,
Aussi vaillante au feu qu'à la tribune,
Devant Versaille elle resta debout.
Proscrite au loin, vers de brûlantes plages,
Elle y sema le germe fraternel.
Les plus cruels ne sont pas les sauvages...
Honneur, honneur à Louise Michel !

Le peuple a faim ! sa misère est profonde.
Le riche pousse au sombre désespoir.
Dans les faubourgs où le chômage gronde,
Les affamés lèvent le Drapeau noir !
A ce signal, sortant de sa retraite,
Et pour briser l'esclavage éternel,
Qui donc accourt et s'élance à leur tête ?
C'est elle encor, c'est Louise Michel.

Bravant la Cour, la Jeanne d'Arc moderne,
Du Capital démasque les suppôts,

Tous ces Vautours d'église et de caserne,
Qui sans pitié nous rongent jusqu'aux os.
De sa cellule ils ont scellé la pierre...
Elle subit l'isolement mortel ;
Mais par les joints filtre encor la lumière
Qui brille au cœur de Louise Michel.

Les travailleurs conservent la mémoire
Des fiers martyrs qui succombent pour eux.
Ils graveront au fronton de l'Histoire
Son nom si pur, parmi les plus fameux.
Ah ! vienne enfin la suprême bataille,
— Ton dernier jour, possesseur criminel —
Nous abattrons la sinistre muraille
Où tu gémis, ô Louise Michel !

De leurs canons, tu méprises la foudre,
O noir Drapeau qui flottas sur Lyon !
La dynamite a détrôné la poudre...
Ainsi vaincra la Révolution !
Vole au combat, symbole du courage !
Voici venir le moment solennel.
Du prolétaire, abolis le servage :
Sois le vengeur de Louise Michel (1) !

ACH. LE ROY.

LA CARMAGNOLE SOCIALE [2]

(Air connu).

Que demande un républicain *(bis)*?
La liberté du genre humain *(bis)*.
Le pic dans les cachots,
La torche dans les châteaux
Et la paix aux chaumières,
Vive le son *(bis)*,
Et la paix aux chaumières,
Vive le son
Du canon.

REFRAIN

Dansons la carmagnole,
Vive le son *(bis)*,
Dansons la carmagnole,
Vive le son
Du canon.

(1) Une vieille baderne, le général Bossant, qui commande, à Niort, une brigade de cavalerie, fit punir, l'année dernière, une chambrée de jeunes soldats, y compris le sous-officier Laveigne qui réclama en leur faveur, pour s'être fait l'écho de ce chant révolutionnaire, « un chant obscène, » a prétendu ce jésuite à plumet.

(2) On trouve la musique à la Librairie ouvrière Achille Le Roy. Se méfier d'autres éditions, qu'on pourrait croire subventionnées par les fonds secrets, où l'on glorifie la patrie, la gendarmerie et autres rapsodies. Même chose pour la *Marianne* et le *Chant des Prolétaires*.

Que réclame un républicain (*bis*)?
L'égalité du genre humain (*bis*).
    Plus de pauvre à genoux,
    Plus de riche debout
Et aux bourgeois la guerre. (*Refrain.*)

Que désire un républicain (*bis*)?
Vivre et mourir sans calotin (*bis*).
    Le Christ à la voirie,
    La Vierge à l'écurie
Et le Saint-Père au diable. (*Ref.*)

Que faut-il au républicain (*bis*)?
Du fer, du plomb, aussi du pain (*bis*).
    Du fer pour travailler,
    Du plomb pour se venger
Et du pain pour ses frères. (*Ref.*)

Qui rend esclaves les citoyens? (*bis*)
Les députés et les chauvins (*bis*).
    Jetons bas la caserne,
    La Chambre où l'on nous berne
Et la main sur la Banque. (*Ref.*)

Mais s'ils avaient le sens commun (*bis*),
Tous les peuples n'en feraient qu'un (*bis*).
    Au lieu de s'égorger,
    Sachons nous fédérer,
    Supprimons les frontières. (*Ref.*)

Les laboureurs, les citadins (*bis*),
A mort détestent les roussins (*bis*).
    Au jour de la bataille,
    A l'eau cette racaille!...
    Qu'on en purge la terre! (*Ref.*)

Que faut-il donc au plébéien (*bis*)?
Moins de labeur et plus de gain.*bis*).
    Prendre terre et machine,
    Désinfecter l'usine
Et sauver l'ouvrière. (*Ref.*)

Pour s'affranchir, le seul moyen (*bis*),
C'est de faire sauter le prétorien (*bis*).
    Dynamite et pétrole
    Pour le Vautour qui *vole*
Et aux puissants la bombe. (*Ref.*)

Vive la Commune de Paris (*bis*).
Ses mitrailleuses et ses fusils (*bis*).
    La Commune battue
    N'est pas encor vaincue :
    Elle aura sa revanche,
        Vive le son (*bis*),
    Elle aura sa revanche,
        Vive le son
            Du canon.

Dansons la Carmagnole, etc.

LE DRAPEAU ROUGE [1]

(Air national suisse)

Les révoltés du moyen-âge
L'ont arboré sur maints beffrois :
Emblème éclatant du courage,
Souvent il fit pâlir les rois.

REFRAIN

Le voilà, le voilà, regardez !
  Il flotte et fier il bouge,
Ses longs plis au combat préparés.
  Osez le défier
Notre superbe drapeau rouge,
Rouge du sang de l'ouvrier *(bis)*.

Dans la fumée et le désordre,
Parmi les cadavres épars,
Il était du parti de l'ordre
Aux massacres du Champ-de-Mars. *(Refrain.)*

Mais planté sur les barricades
Par le peuple de Février,
Lui, le signal des fusillades,
Devient drapeau de l'ouvrier. *(Ref.)*

Plus tard, l'ingrate République,
Laissant ses fils mourir de faim,
Il entre dans la lutte épique,
Bravant les fusilleurs de Juin. *(Ref.)*

Sous la Commune, il flotte encore
A la tête des bataillons :
L'infâme drapeau tricolore
En fit de glorieux haillons. *(Ref.)*

Noble étendard du prolétaire,
Des opprimés sois l'éclaireur :
A tous les peuples de la terre,
Porte la paix et le bonheur. *(Ref.)*

LE CHANT DES TRANSPORTÉS [2]

(Air des Sapins)

Vaste Océan, tes vagues écumantes
Ont vu passer ces soldats d'avenir :
Calmes et fiers, sur leurs prisons flottantes,
Ils te narguaient, car ils savent mourir.

---

(1) La musique de ce chant est sous presse, à la Librairie socialiste internationale A. Le Roy. — Prix : 25 cent.
(2) Don de l'Auteur à l'Union Fédérative. — Fait en cellule, à l'île Nou

Si leurs geôliers redoutaient la tempête,
La foudre en vain fit rage sur leur tête
Pour éprouver ces fils du peuple-roi.

nais leur cœur .
enferma d'offren ,

REFRAIN

Si la patrie est enchaînée,
Par eux qu'elle soit délivrée !
Par eux que la France chérie
Retrouve l'énergie,
Et soit régénérée !

En s'apaisant, ô comble d'infamie !
Tes flots soumis les menèrent au port :
Ne pouvaient-ils leur arracher la vie ?
Le bagne est-il préférable à la mort ?
Ilot maudit, que ne vit pas le Dante,
Enfer nouveau, repeuple tes cachots :
Ils sont à toi. Pour les briser, enfante
Tous les tourments et double tes bourreaux. *(Ref.)*

Sur leur rocher, fouillant l'horizon sombre,
Où le soleil vient de creuser son lit,
Exténués, on peut les voir dans l'ombre
Debout encor, car l'espoir les nourrit.
Ils sont tes fils, ô France bien-aimée !
Entends leur voix, fais cesser leur douleur ;
Mais, hâte-toi, la houle désolée
Roule des morts dans les Coraux en Fleur. *(Ref.)*

JEAN ALLEMANE.

LA COMMUNE IMMORTELLE.[1]

Au Citoyen Eugene Chatelain.

Le soulèvement contre le millionnarisme
sera formidable et tout aussi sanglant
qu'a pu l'être la Révolution de 93.
Général BEN-BUTLER.

Elle tomba sous la mitraille
En affirmant le Droit nouveau :
La meute ignoble de Versaille
A souillé jusqu'à son tombeau.
Du servage, éclatante aurore,
Elle éclaira le lourd sommeil.
O Commune, renais encore !
Sonne aux opprimés le réveil! *(Ref.)*

Le clairon de la barricade
Commande la marche en avant :

[1] La musique est sous presse à la Librairie socialiste internationale, 145 *bis* rue Saint-Jacques, Paris.

Décimés par la fusillade,
Les soudards baignent dans leur sang.
Sur tous les fauteurs de carnage,
Frappe encor, peuple justicier :
Il faut, pour terminer l'ouvrage,
Un quatre-vingt-treize ouvrier. *(Ref.)*

Allons, debout, Jacques Bonhomme !
Lève ton front plein de sueur.
A toi qui fus bête de somme,
A toi le prix de ton labeur !
Vieux révolté que rien n'effraie,
Pour te faire un sort plus heureux,
De tes champs arrache l'ivraie,
Fauche les épis orgueilleux ! *(Ref.)*

Mineur enseveli sous terre,
Forçat du bagne industriel,
Au Capital faites la guerre :
Visez son détenteur cruel !
Emparez-vous de la machine,
Pendez les affameurs d'Anzin :
Que la mansarde et la chaumine
Affranchissent le genre humain ! *(Ref.)*

Fusil en main, de la richesse
Sachons réclamer notre part,
Toute la part qu'à la détresse
Prend le rentier, frelon pillard !
Et s'il lui faut une auréole
Pour couronner tous ses forfaits,
Il doit savoir que le pétrole
Illumine au mieux les palais ! *(Ref.)*

Après tant de siècles de larmes
Et tant de fléaux dévorants,
Plus de merci ! toutes les armes
Sont bonnes contre les tyrans !
Le temps arrive où la vengeance
Doit enfin pouvoir éclater :
La dynamite, à cette engeance
Ne peut-elle apprendre à sauter? *(Ref.)*

Vous aurez beau nous crier : « Grâce ! »
Hideux Vautours, lâches Corbeaux,
Nous sacrifierons votre race
A nos martyrs, à nos héros.
Malheur à vous! car sur le crime,
On mesure le châtiment :
Roulez, roulez vers cet abîme
Dont la sombre horreur vous attend ! *(Ref.)*

REFRAIN

Arborons, travailleurs, le drapeau rouge-flamme !
La Commune immortelle enfin va revenir.
Pour sortir à jamais de l'esclavage infâme,
Levons-nous en jurant de vaincre ou de mourir !

ISIDORE POLYCARPE,
Ouvrier faucheur.

LE ROSSIGNOL ET LA BERGÈRE

Au Citoyen D. Perrodet, ex-administrateur du Prolétaire

> Les bornes du monde sont
> celles de la patrie prolé-
> tarienne.

Victimes que la gloire
Doit coucher au cercueil,
Prolétaires en deuil,
Méditez cette histoire.

I

Au sein du vert feuillage,
Arrêté dans son vol,
Le tendre rossignol
Modulait son ramage.

Au bord d'une fontaine,
Sous les bosquets en fleurs,
Lise versait des pleurs :
Profonde était sa peine.

« Ah ! faut-il que la guerre,
» Ce fléau d'ici-bas,
» Vint jadis de mes bras
» Arracher mon Valère !

» Près de cette onde pure,
» Au bon temps, chaque jour,
» Nous nous parlions d'amour,
» Sous l'œil de la Nature.

» Combien sous la feuillée
» Étaient doux nos transports !
» Que de fois sur ces bords
» Je m'endormis charmée ! »

L'oiseau dans la charmille,
Seul par son chant divin
Répondait au chagrin
De la sensible fille.

II

Laboureur, bergerette
Croyaient en l'avenir :
Valère dut partir
Au son de la trompette.

Voulant grandir leur taille,
Les empereurs bandits
Souvent jouent leur pays
Au jeu de la mitraille.

Fidèle à son amie,
Méprisant les tyrans,
Il combattit longtemps
Pour ce vain mot : Patrie !

Un jour, la France en larmes
Plia sous les revers :
Pour lui donner des fers,
Son chef vendit ses armes..

Mais pour la République
Et pour l'Humanité,
Paris, noble cité,
Redevint héroïque.

III

Trahi par la Fortune,
Sous le Mont-Valérien,
Valère, en citoyen,
Tomba pour la Commune.

Il respirait encore,
Dans l'ombre et sans secour :
Galiffet le Pandour
L'acheva dès l'aurore.

Et dans son gai langage,
Le doux chantre des bois
Semblait encor parfois
Dire à Lise : « Courage !

« De l'humble prolétaire,
» Maudit soit l'égorgeur,
» Maudit soit l'Empereur,
» Maudite soit la guerre ! »

CONCLUSION

Pour qu'auprès des bergères
Restent les laboureurs,
Chassons les fusilleurs,
Effaçons les frontières (1) !

ACHILLE LE ROY.

NON ! DIEU N'EST PAS !

Au citoyen Albert Goullé.

S'il est un Dieu créateur de la terre,
Où donc est-il ? Et qui donc l'a créé ?
Le croyant dit : — C'est un profond mystère ;
Et c'est par lui que l'homme a procréé.

---

(1) La musique est en vente, au prix de 0 fr. 25, à la Librairie socialiste internationale.

S'il est un Dieu, pourquoi fait-il les hommes
Lâches et vils, tueurs et criminels ?
Comment fit-il l'étendue où nous sommes ?
Et tous ces feux qu'on dit être éternels ?

REFRAIN

Non, le soleil illuminant le monde,
Les astres d'or planant dans le ciel bleu,
Les océans où la tempête gronde
N'affirment point l'existence de Dieu !

S'il est un Dieu, pourquoi fait-il des nègres ?
Pourquoi noircir toute une race ainsi ?
Pourquoi du miel et pourquoi des fruits aigres ?
Pourquoi l'abeille et des frelons aussi ?
Pourquoi des rois et des foules vulgaires ?
Pourquoi de l'or aux uns ? aux autres, rien ?
S'il est un Dieu, qu'il empêche les guerres !
Pourquoi le Mal domine-t-il le Bien ? (*Ref.*)

Quand les volcans allument l'incendie,
L'homme ébahi s'avoue être ignorant.
Dans mille endroits, la mer s'est agrandie :
Pourquoi l'abîme et pourquoi le torrent?
Pourquoi l'orage inonde-t-il les terres ?
Pourquoi les monts portent-ils des glaçons ?
S'il est un Dieu, pourquoi donc les tonnerres
Et leurs éclairs brûlent-ils les moissons ? (*Ref.*)

S'il est un Dieu, pourquoi donc la folie
Existe-t-elle en des cerveaux nombreux ?
Pourquoi faut-il qu'un pauvre s'humilie,
En se courbant, devant un homme heureux ?
Pourquoi voit-on des castes et des classes ?
Des fainéants raillant les travailleurs ?
Et des bourgeois volant les populaces ?
S'il est un Dieu, pourquoi des fusilleurs ? (*Ref.*)

S'il est Dieu, pourquoi nous fait-il bêtes
A dévorer les autres animaux ?
Pourquoi fait-il disparaître nos têtes ?
Pourquoi nos corps souffrent-ils tous les maux ?
Puisque c'est lui qui, dit-on, nous protège,
Pourquoi la rage ? et le tigre qui mord ?
S'il est un Dieu, pourquoi fait-il la neige ?
Pourquoi le froid, la torture et la mort ? (*Ref.*)

Victor Hugo, tout croyant qu'il puisse être,
N'est qu'un rêveur, un sublime animal.
Dût-on jamais m'enfermer à Bicêtre,
Comme Proud'hon, je dis : DIEU, C'EST LE MAL !
Dieu, c'est l'erreur ; oui, tout le démontre:
Pourquoi toujours l'imposer à nos fronts ?
S'il est un Dieu, qu'il nous parle et se montre !
S'il est puissant, nous nous inclinerons. (*Ref.*)

Non, Dieu n'est pas ! Et je le dis aux prêtres,
Au pape, au czar, aux empereurs, aux rois,
Non, Dieu n'est pas ! Et vous, souverains maîtres,
Vous nous trompez pour nous ravir nos droits.
De votre Dieu s'écroule la légende,
La vérité guide à présent nos pas.
Devant les faits, le mensonge s'amende,
Et la raison nous dit : Non, Dieu n'est pas (1) ! (Ref.

EUGÈNE CHATELAIN.

A GUTENBERG !

Au Citoyen Jean Allemane.

De Gutenberg, honorons la mémoire,
Car sans cet homme de génie,
Créateur de l'Imprimerie,
Beaucoup de faits, recueillis par l'histoire,
Dans la plus noire obscurité
Seraient restés ensevelis.
Du grand porte-lumière, amis,
Célébrons l'immortalité.

A. LE ROY.

A LA POLICE INFAME !

Dédié au Bureau des Sociétés professionnelles (2).

Air du *Chant des Prolétaires.*

> La police est au corps social ce que la
> vermine est au corps humain.

Inquisiteurs d'un autre Saint-Office,
Tapis dans l'ombre, ourdissez vos forfaits :
Nous, au grand jour, nous bravons la police
Et des puissants les ignobles valets.
Honte sur vous, misérables transfuges
Qui trahissez l'ouvrier manuel !
Jusqu'aux proscrits en leurs lointains refuges
Que souille encor votre venin mortel.

(1) La musique, par Julia Meurisse, est en vente, avec gravure, au prix de
25 centimes, chez l'éditeur de cette brochure.

(2) Officine gouvernementale de la rue de Cambacérès, dirigée par un re-
négat du nom de Barberet. Là surtout se mitonnent les vilenies politiciennes

Nobles martyrs qu'une clique assassine
Ensevelit dans les cachots bourgeois,
Entendez-vous s'écrouler en ruines
Ce monde infâme, étayé par les lois ?...
Pour vous venger, les vagues populaires,
Se soulevant à votre cri d'appel,
Vont balayer les prisons, les frontières,
Et faire place au règne fraternel.

Le travailleur qui succombe à la peine,
Ou le chômeur sans asile et sans pain,
Sait aujourd'hui qui l'affame et l'enchaîne :
Soixante-et-onze aura son lendemain.
Au pilori les juges, les gendarmes
Et les geôliers du bagne industriel !
Plus de pitié ! qu'on passe par les armes
Tous les bourreaux de Cyvoct, d'O'Donnell !

Vous qui raillez le « Droit à la paresse, »
Entretenus du Prolétariat,
Disparaissez ! Une voix vengeresse
Partout répète : « A bas le patronat ! »
Vous qui du peuple aggravez la souffrance
En conspirant pour le trône et l'autel,
Vils députés qui vendriez la France,
Nous surveillons votre jeu criminel.

Quand mis au mur, un de nos frères tombe,
Il crache encor son mépris aux soudards.
Souvenons-nous ! Par le fer, par la bombe,
Exécutons gouvernants et mouchards.
O Liberté que l'univers réclame,
Jette aux puissants ton dédaigneux cartel !
Guerre aux chauvins, à la Police infâme !
Plus de frelons dérobant notre miel !

Honneur à vous, tirailleurs d'avant-garde,
Enfants perdus qui tombez vaillamment !
Le monde entier tressaille et vous regarde,
Criant à tous : « Les braves, en avant ! »
Que ta bannière, Internationale,
Guide nos bras pour le suprème duel !
Soyons vainqueurs, et que la Sociale
Donne à la Terre un bonheur éternel !

ACHILLE LE ROY.

2032 — Paris. Imp. ROBERT et Cie, 19, faub. St-Denis

www.ingramcontent.com/pod-product-compliance
Lightning Source LLC
LaVergne TN
LVHW022210080426
835511LV00008B/1684